Einsterns Schwester

3

Themenheft 4
Lesen

Herausgegeben von
Roland Bauer
Jutta Maurach

Erarbeitet von
Wiebke Gerstenmaier
Sonja Grimm

Cornelsen

Inhaltsverzeichnis

Ich bin Lola und ich helfe dir.

So kannst du mit den Heften arbeiten

Du machst alle
Seiten der Lernportion 1.

Zuerst im
grünen Heft.

Dann im
roten Heft.

Dann im
gelben Heft.

Und dann im
blauen Heft.

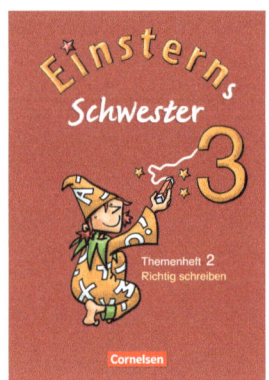

Danach machst du in
allen Heften die Lernportion 2.

Nun machst du in
allen Heften die Lernportion 3.

Zu jeder
Lernportion
kannst du
im Arbeitsheft
arbeiten.

Genauso bearbeitest du
alle anderen Lernportionen.

→ AH Seite …
Dieser Hinweis zeigt dir,
dass es eine passende Seite
im Arbeitsheft gibt.

1 Fehlerfrei lesen

1 Lies die Wörter und Sätze erst mehrmals leise und dann laut.

Piraten
Piratenschatz
Piratenschatzkiste
Piratenschatzkistenversteck

Lass dir Zeit.
Mache eine kleine Pause
nach jeder Zeile.

Ente
Quietscheente
Quietscheentenwettrennen
Badewannenquietscheentenwettrennen

Tim schlägt.
Tim schlägt Lisa.
Tim schlägt Lisa am Nachmittag.
Tim schlägt Lisa am Nachmittag vor zu baden.

Lisa liest.
Lisa liest Tim.
Lisa liest Tim im Schwimmbad.
Lisa liest Tim im Schwimmbad vor.

2 Lies die Namen dieser Personen fehlerfrei. Zeichne eine der Personen.

Kapitän Karsten Krabbenfisch
Koch Kasimir Kaspar Karottengrün
Matrose Max Marius Metterborg
Schiffsjunge Sven Severin Smutjenschreck
Nixe Natalie Nadja Nabelschön
Seeräuber Sansibar Störenfried Säbelstark

Heft 4, Seite 5 ②
...

3

Fischers Fritz fischt
frische Fische.

1 Langsam und genau lesen

1 Tippe mit dem Finger auf das Stolperwort in jeder Reihe.

blinken blinken blinken blinken hinken blinken blinken blinken blinken blinken

blinken Blinker blinken blinken blinken blinken blinken blinken blinken blinken

blinken blinken blinken blinken blinken blinken blinken blicken blinken blinken

blinken blinken blinken winken blinken blinken blinken blinken blinken blinken

2 Suche ein anderes Kind.
Lest euch abwechselnd Zeile für Zeile vor.

lange Stange Kasten bange Rand Kante fast Bast Art Zange wandern Garten

Lenker Ring links bringen wild winken Henkel hinter singen trinken wickeln

küssen blind wissen Schüssel Bus nur Gruß Liste trüb Füße müssen grün um

Arbeit albern Angst Ansage Aster Amt arm Ärmel am Amsel angeln alt Anker

hexen wetzen Wecker lecken Bretter Hetze kleckern Kekse petzen jetzt fett Werk

heißen heizen niesen Reiz Riese beißen Weizen Geier wiehern kreischen kriechen

3 In diesem Gedicht sind manche Silbenkerne vertauscht.

a) Lies das Gedicht zuerst leise, dann laut.

O unberachenbere Schreibmischane
O unberachenbere Schreibmischane,
was bist du für ein winderluches Tier?
Du tauschst die Bachstuben günz nach Vergnagen
und schröbst so scheinen Unsinn aufs Papier!
Du tappst die falschen Tisten, luber Bieb!
O sige mar, was kann da ich dafür?

> Lass dir Zeit.
> Werde bei Fehlern nicht nervös.
> Lies nicht schneller, sondern langsamer.

Josef Guggenmos

b) Lies das Gedicht mit den richtigen Silbenkernen vor.

Schnell lesen

1 Tippe mit dem Finger auf die Buchstaben in der richtigen Reihenfolge des Alphabets.

2 Lies die Wörter halblaut so schnell wie möglich von oben nach unten. Beginne von vorne, wenn du einen Fehler machst.

ob	Segelboot
ab	Werkbank
als	Zündkerze
aus	Pferdestall
jetzt	Winterreifen
trotz	Luftmatratze
raus	Grundschule
darum	Klohäuschen
warum	Lenkdrachen
weshalb	Führerschein
Albtraum	Englischlehrer
Trampeltier	Taschenrechner
Lattenzaun	Traktoranhänger
Warteraum	Getränkeautomat
Bergsteiger	Diesellokomotive
Ringelnatter	Personalausweis
Gartenzwerg	Fahrradreparatur
Rampenlicht	Windschutzscheibe
Badeschaum	Verbrennungsmotor
Kinderzimmer	Freizeitbeschäftigung
Bushaltestelle	Gebrauchsanweisung

1 Flüssig lesen

1 Lies den Text vor.

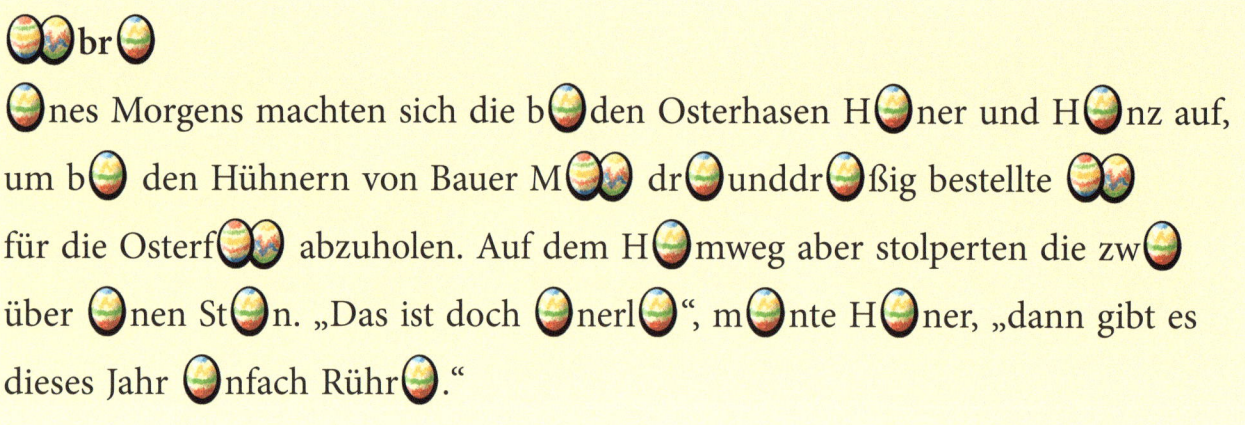

🥚br🥚

🥚nes Morgens machten sich die b🥚den Osterhasen H🥚ner und H🥚nz auf, um b🥚 den Hühnern von Bauer M🥚🥚 dr🥚unddr🥚ßig bestellte 🥚🥚 für die Osterf🥚🥚 abzuholen. Auf dem H🥚mweg aber stolperten die zw🥚 über 🥚nen St🥚n. „Das ist doch 🥚nerl🥚", m🥚nte H🥚ner, „dann gibt es dieses Jahr 🥚nfach Rühr🥚."

2 Setze beim Lesen immer das Wort ein, das neben der Zeile steht. Versuche dabei, flüssig zu lesen. Übe mehrmals.

Kein Zweifel. Das ___ war ihm zugelaufen. Und es hatte Hunger.   **Pferd**
Herman ___ mit angewinkelten Beinen im Lesesessel   **saß**
seines Vaters. Sein Gehirn arbeitete ___ Hochtouren.   **auf**
Was konnte er dem Pferd ___? Frühstückte ein Pferd über-   **anbieten**
haupt? Und was ___ ihm? HAFER! Die Frühstücksflocken,   **schmeckte**
fand ___, waren mit das Schlimmste in seiner Familie.   **Herman**
Es gab immer nur die eine Sorte und es gab sie in ___ Mengen.   **rauen**
Sie schmeckten staubig, ___, spelzig, mampfig, dumpf und   **mehlig**
___ nicht süß. Das würde dem Pferd gefallen.   **überhaupt**

Hilke Rosenboom

3 Entschlüssle die Rätselwörter. Lies den Text dann flüssig vor.

Paul Maar

2. Sätze Bildern zuordnen

Heft 4, Seite 9 ①
1=M, 2=...
...

1 Ordne jedem Satz das passende Bild zu.
Die Buchstaben ergeben ein Lösungswort.

Ein dicker, rot-weißer Leuchtturm steht auf einer kleinen Sandinsel. **1**	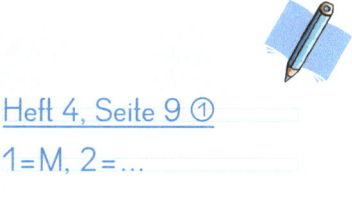
Ein dicker, rot-gelber Leuchtturm steht auf einer großen Sandinsel. **2**	
Ein dicker, rot-gelber Leuchtturm steht auf einer kleinen Felseninsel. **3**	
Ein dünner, rot-gelber Leuchtturm steht auf einer großen Sandinsel. **4**	
Ein dünner, rot-weißer Leuchtturm steht auf einer kleinen Felseninsel. **5**	
Ein dicker, rot-weißer Leuchtturm steht auf einer großen Felseninsel. **6**	
Ein dünner, rot-weißer Leuchtturm steht auf einer großen Sandinsel. **7**	
Ein dicker, rot-gelber Leuchtturm steht auf einer großen Felseninsel. **8**	

2. Stolperwörter in Absätzen finden

1 Finde in jedem Textabschnitt zwei Stolperwörter.
In die richtige Reihenfolge gebracht,
ergeben sie einen Lösungssatz.

Heft 4, Seite 10 ①
Zeile 2: runde
Zeile 3: …
…

Auf der Wiese

1 Auf der Wiese leben viele kleine Tiere. Besonders
2 runde im Frühling und im Sommer summt und brummt,
3 kriecht und krabbelt, fliegt und flattert webt es überall.

4 Scheint die Sonne, schwirren die Bienen Netze durch
5 die Luft und saugen Nektar. An ihren Beinchen bleibt
6 der Blütenstaub hängen. Dann klebrigen fliegen sie zur
7 nächsten Blume und tragen den Blütenstaub weiter.

8 Wenn es nicht zu sonnig ist, wagt sich die Weinbergschnecke
9 aus ihrem Spinne Haus. Sie streckt ihre Fühler aus und
10 kriecht auf der Suche nach Blättern aus durch das Gras.
11 Ihre Eier legt sie in eine Erdhöhle. Daraus schlüpfen viele
12 Schneckenkinder mit winzigem Häuschen.

13 Rote Flügeldecken, sechs krumme Fäden Beinchen und
14 sieben schwarze Punkte – das ist der Marienkäfer, wie wir ihn
15 uns vorstellen. Es gibt ihn aber auch in anderen die Farben,
16 mit vielen oder ganz wenigen Pünktchen.

2

2. Wortgruppen in einem Text finden

1 Lies den Text aufmerksam durch.

Karo Karotte

„Weißt du, was das ist, Karoline?", fragt mich Dr. Fröhlich
mit ernster Miene und tippt mitten auf den Bildschirm.
„Nö." Außer ein paar verschwommenen Wolken kann ich
beim besten Willen nichts erkennen. „Das ist der Beweis dafür,
5 dass du ein kleines Brüderchen bekommst." „Ein was?" Ich reiße entsetzt
die Augen auf. „Sie meinen …" Er nickt und zeigt wieder auf den Bildschirm.
„Wenn das kein Junge ist, fresse ich mein Stethoskop." „Oh nein!" Ich bin
geschockt. „Das darf ja wohl nicht wahr sein. Ich bekomme einen Bruder!
Igitt!" Dr. Fröhlich verzieht keine Miene und fährt weiter mit dem Ultraknall-
10 dingsbums auf Mutters dickem Bauch spazieren. „Warum, hättest du denn lieber
ein kleines Schwesterchen?" „Weil eine Schwester ein Mädchen ist, darum!",
brumme ich. Meine Mutter zeigt lächelnd auf ihren Bauch. „Vielleicht ist der da
drin ja ganz nett." „Blödsinn! Nette Jungs gibt es nur im Fernsehen." Ich streichle
ihren Arm. „Du tust mir leid", seufze ich. „Wieso?" „Weil du seit acht Monaten
15 einen Jungen mit dir rumschleppst. Kein Wunder, dass dir immer schlecht ist …"

Christian Bieniek

2 Finde die folgenden Textstellen. Schreibe den
ganzen Satz mit Zeilenangabe in dein Heft.
Unterstreiche das Wort oder die Wortgruppe.

a) „… ein paar …"   d) „… einen Bruder …"

b) „… die Augen …"   e) „… darum …"

c) „… Junge …"   f) „… Fernsehen …"

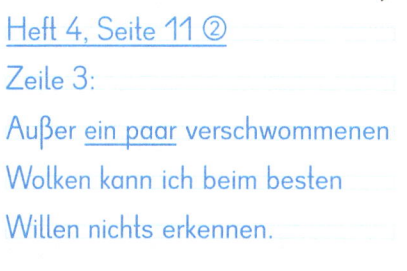

Heft 4, Seite 11 ②
Zeile 3:
Außer <u>ein paar</u> verschwommenen
Wolken kann ich beim besten
Willen nichts erkennen.
…

3 Schreibe auf, wie es für dich wäre,
einen Bruder zu bekommen.
Was denkst du? Was fühlst du?

Heft 4, Seite 11 ③
…

2. Überschriften Absätzen zuordnen

1 Ordne den Texten passende Überschriften zu.

| Wir Kinder aus Bullerbü | A |

| Die Schule fängt wieder an | B |

| Wir schlafen auf dem Heuboden | C |

| Ostern in Bullerbü | D |

Heft 4, Seite 12 ①
Text 1: ...
...

1 Dann gruben wir uns in das Heu ein. Es roch herrlich, aber es pikste auch. Nachdem wir uns in die Pferdedecken eingewickelt hatten, lagen wir richtig gut.

2 Da sind nur die drei Höfe: der Nordhof, der Mittelhof und der Südhof. Und nur sechs Kinder: Lasse und Bosse und ich und Ole und Britta und Inga.

3 Es war ein Uhr, als wir von der Schule fortgingen.
Nein, waren das Schneewehen! Und wie es stürmte!
Wir mussten uns beim Gehen richtig zusammenducken.

4 Wir Kinder aus Bullerbü gehen alle zusammen in die Schule. Wir müssen schon um sieben von zu Hause weggehen, denn wir haben ja einen weiten Weg.

5 Der Tisch war hübsch mit einer blauen Tischdecke und mit unseren gelben Ostertellern gedeckt. Birkengrün hatten wir auch in einer Vase. Lasse, Bosse und ich hatten alle Eier rot und gelb und grün gefärbt.

Heft 4, Seite 12 ②
...

2 Schreibe eine passende Überschrift zu dem Text, der keine Überschrift hat.

2. Bilder und Überschriften nutzen

> Sieh dir bei einem unbekannten Text immer zuerst die Bilder an.
> Bilder können dir etwas über den Textinhalt verraten.
> Bildunterschriften sagen, was du auf den Bildern sehen kannst.

1 Ordne den Bildern die passenden Bildunterschriften zu.

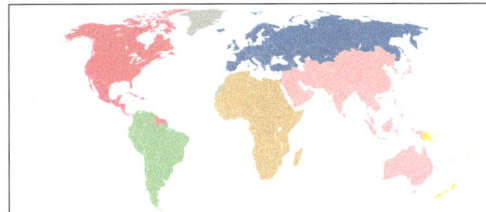  

| Das Fußballstadion |
| Der Torwart |
| Fußball früher |

| Ein Schiedsrichter heute | | Der erste Fußballverein | | Mitgliedsländer der FIFA |

2 Decke den Text ab. Lies nur die Überschrift. Vermute, wovon der Text wohl handelt. Lies dann den Text und überprüfe deine Vermutung.

Die Geschichte des runden Leders

Schon vor über 2000 Jahren wurde bei den Chinesen Fußball gespielt. Auch die Maya und Azteken in Südamerika kannten eine Art Fußball, ebenso die Römer und Griechen. Der Ball war damals aus ausgestopften Tierhäuten oder aufgeblasenen Schweinsblasen.

Einheitliche Regeln gab es zunächst nicht. Erst 1848 stellten die Engländer erste verbindliche Fußballregeln auf. Danach dauerte das Spiel 90 Minuten, das Handspiel war verboten. Später kamen noch andere Regeln dazu. Auch der erste Fußballverein der Welt wurde 1857 in England gegründet.

In Deutschland wurde 1874 das erste Mal Fußball gespielt. Doch erst 1896 wurde festgelegt, dass die Spielfelder frei von Bäumen und Sträuchern sein müssen.

Die erste Fußball-Weltmeisterschaft wurde 1930 in Uruguay ausgerichtet. 13 Mannschaften nahmen teil. Heute sind im Welt- fußballverband FIFA 208 Länder vertreten.

Heft 4, Seite 13 ③

3 Schreibe mit eigenen Worten auf, wovon der Text handelt.

3. Unterschiedliche Texte benennen

1 Schau dir die verschiedenen Texte an.
Ordne die Textarten zu.
Schreibe die Lösungsbuchstaben auf.
Von hinten gelesen ergibt sich ein Lösungswort.

Heft 4, Seite 14 ①
1 = N
2 = …
…

1 Eintrittskarte	2 Werbeprospekt
3 Kassenzettel	4 Einladung
5 Postkarte	6 Zeitungsannonce
7 Kochrezept	8 Terminzettel
9 Fahrkarte	

> Geschichten, Sachtexte und Gedichte sind verschiedene Textarten. Es gibt aber noch viele andere. Schau dich mal zu Hause um.

A Viele Grüße aus dem Ötzi-Dorf!

Ötzi-Dorf

X REZEPTKARTE
Vegetarisch
Karottensuppe mit Curry und Berglinsen

E sind ein guter Anfang!
AUF IN DEN SÜDEN
Kinderland Familienland Süddeutschland
jugendherberge.de

T Buch-Greuter e.K.
Hegaustr. 17; 78224 Singen
Steuer-Nr. 18354/28268
07731/87690
www.buch-greuter.de

Das alleralbernste ABC-Buch, Mini-Aus
gabe
978-3-522-43638-0   5,90 1

Alles Gute zum Geburtstag, Jim Knopf!
, Mini-Ausgabe
978-3-522-43654-0   5,95 1

Ein Jahr in Himmelhausen, kleine Ausg
978-3-522-30197-8   5,95 1

Total: 3   17,80 EUR
    Bar: 20,00 EUR
    Zuruck: 2,20 EUR

T S-West, 2-Zi.-Whg., 44 m², EBK, La-
minat, Veranda, 430,- € KM + NK
✉ unter Z 161267 an den Verlag

T Pfänder
Unser Hausberg am See
Erwachsener Berg + Talfahrt
2 J. gültig.inkl.Wildpark
EUR 10.80
(CHF 17.20)
gültig bis
01.06.11
Pfänderbahn Bregenz

R Liebe Eltern,

Die Kinder haben es leicht mit dem Kennen lernen, sie sehen sich jeden Tag in der Gruppe.
Für Sie als Eltern ist das schon etwas schwieriger - zu unterschiedlich sind oft die Bring- und
auch die Abholzeiten der Kinder.
Deshalb laden wir Sie herzlich zu einem

"Kennenlern-Kaffeeklatsch"

in den Kindergarten ein.

E IHRE NÄCHSTEN TERMINE
Wir bitten Sie den Termin einzuhalten oder 24 h zuvor
abzusagen, anderenfalls sind wir berechtigt, Ihnen
50 € Ausfall zu berechnen.

Tag	Datum	Uhrzeit
Di	22.3.11	16:00

N TAGESKARTE
ERWACHSENER
DIESES TICKET WIRD
NUR HEUTE BEIM KAUF
EINER JAHRESKARTE
VOLL ANGERECHNET
ME - Tchibo Gutschein
gueltig am
21/08/2010
LEGOLAND Deutschland
237 108331 0005 20100821

3. Aus einem Interview Informationen entnehmen

1 Lies das Interview und beantworte die Fragen.

So ein Mist!

Spannende Berufe: Stephan Paspalaris ist Tierpfleger

VON STEFANIE KÖHLER

Dieser Mann muss sich oft ziemlich viel Mist ansehen – denn Stephan Paspalaris ist der Chef vom Schaubauernhof der Wilhelma. Mit sechs Kollegen kümmert er sich um 110 Tiere wie Esel, Trampeltiere, Ziegen und Schafe. Viel Zeit zum Streicheln bleibt ihm nicht. Er benötigt viele Stunden, um die Ställe und Gehege zu reinigen und die Tiere zu füttern.

Herr Paspalaris, welche Aufgaben haben Sie als Tierpfleger?
Ich kümmere mich darum, dass neue Tiere auf den Bauernhof kommen und verkaufe andere. Außerdem muss ich die Ställe und Außengehege putzen, die Tiere reinigen, Hufe auskratzen, sie striegeln und füttern.

Die Putzarbeit klingt echt anstrengend.
Das ist sie auch. Ein Tierpfleger muss kräftig zupacken können und bei Wind und Wetter draußen arbeiten. Wir beginnen um 7 Uhr die Ställe auszumisten, die Tiere zu putzen und zu füttern. Das dauert drei Stunden.

Reicht es, Ställe einmal zu reinigen?
Den Kuhstall putzen wir mehrmals. Ein Mitarbeiter kümmert sich nur um die Kühe, weil sie so viel Arbeit machen. Auch die Ställe der Trampeltiere reinigen wir zweimal am Tag.

Wie oft bekommen die Tiere Futter?
Die meisten Tiere füttern wir nur morgens. Der Trog der Kühe ist dagegen immer gefüllt. Die Ponys und Esel bekommen abends nochmals was. Auch die Hirsche und Trampeltiere kriegen ein Betthupferl wie einen Apfel.

Bleibt Ihnen Zeit, Tiere zu streicheln?
Wenig. Aber das ist nicht schlimm, weil die Besucher viele Tiere im Streichelzoo knuddeln. Wenn ich eine Kuh kraule, streckt sie den Hals in die Höhe. Die anderen Kühe, die das sehen, laufen dann aus dem Stall und sind ganz ungeduldig, bis sie endlich dran sind. Ein gutes Verhältnis zu den Tieren ist wichtig. Damit sie sich zum Beispiel beim Impfen nicht wehren.

Haben Sie bei Ihrer Arbeit auch mit gefährlichen Tieren zu tun?
Von den Wisenten, Hirschen, Wildschweinen oder Wildpferden halten wir uns fern, weil sie Wildtiere sind. Die Männchen sehen uns als Konkurrenz und könnten uns angreifen. Außerdem sind die Wildpferde ziemlich schreckhaft.

Welche Tiere sind am frechsten?
Die Kühe stellen sich gerne auf den Wasserschlauch, wenn wir den Stall ausspritzen. Sie wissen, dass wir uns ärgern, wenn kein Wasser mehr aus dem Schlauch fließt. Ich verstehe die Kühe aber. Sie tun den ganzen Tag nichts und langweilen sich.

Wie wird man eigentlich Tierpfleger?
Man macht eine Ausbildung, die drei Jahre dauert. Gut ist, wenn man schon mal mit Tieren gearbeitet und einen guten Schulabschluss hat. In der Wilhelma lernt man dann alle 18 Bereiche kennen. In jedem verbringt man vier bis fünf Wochen.

STECKBRIEF

Geburtstag: 1974

Wohnort: bei Winnenden

Lieblingsessen: Lasagne

Stephan Paspalaris

Ich fürchte mich vor Spinnen

Ich würde gerne mal dem Überlebenskünstler und Aktivisten für Menschenrechte, Rüdiger Nehberg, **die Hand schütteln**

Wenn ich einen Tag Bundeskanzler wäre, würde ich ein Buch über den Friedensnobelpreisträger Dag Hammarskjöld lesen

---

Heft 4, Seite 15 ①
a) Stephan Paspalaris ist …
b) Als Chef …
…

a) Welchen Beruf hat Stephan Paspalaris?

b) Welche besondere Aufgabe hat er als Chef des Schaubauernhofs neben der Pflege der Tiere?

c) Wie oft müssen die Ställe der Trampeltiere gereinigt werden?

d) Wann bekommen die Kühe Futter?

e) Mit welchen gefährlichen Tieren hat er es bei seiner Arbeit zu tun?

f) Wie ärgern die Kühe gerne ihren Pfleger?

In einem Interview werden Berühmtheiten, Experten oder andere interessante Personen befragt.

3. Eine Anleitung lesen und ausführen

1 Ordne die Abbildungen den richtigen Textabschnitten zu.

Heft 4, Seite 16 ①
A – 2, ...
...

2 Bastle den Trinkbecher nach der Anleitung
und probiere ihn aus.

1

| A | Falte ein unbedrucktes Blatt Papier
so, dass die untere Kante
genau auf der Seitenkante liegt.

2

| B | Schneide dann den Papierstreifen oberhalb des
entstandenen Dreicks ab. Lege das Dreieck mit der offenen
Spitze nach oben. Falte die offene Spitze nach unten
bis zur Kante des Dreiecks und wieder nach oben.
So erhältst du eine Markierung.

3

| C | Falte jetzt die linke Spitze zur rechten Kante.
Falte danach die rechte Spitze zur linken Kante.

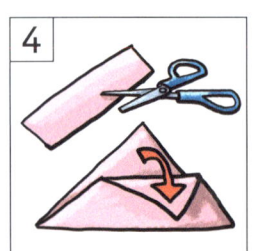

4

| D | Falte die oberen Spitzen nach unten,
eine nach vorn, eine nach hinten.
Fertig ist der Becher.
Nun kannst du
Wasser hineinfüllen.

Mit
einer Schnur und einer
Holzperle wird aus dem Becher
ein tolles Geschicklichkeits-
spiel.

3. Ein Märchen lesen

1 Stelle dir ein eigenes Märchen zusammen. Lies es vor.

Es war einmal

- ein altes, braves Mütterlein.
- ein wunderschönes Müllerstöchterlein.
- ein fröhliches Hirtenknäblein.

  Obwohl es sehr arm war, lebte es zufrieden

  - mit seinen zwölf Ziegen in einem warmen Stall.
  - mit seinen drei Brüdern in einer kleinen Hütte nahe eines Schlosses.
  - mit seinen Hühnern und Gänsen in einem alten Häuschen am Waldrand.

Alle mochten es gern leiden, denn

- es war fromm und gut.
- es war hilfsbereit und fröhlich.
- es wusste immer einen guten Rat.

  Eines schönen Tages, als es Brennholz sammelte, begegnete es einem

  - buckligen Männlein mit weißem Bart.
  - weißen Täubchen.
  - alten Weiblein.

Das reichte ihm

- einen rostigen Schlüssel
- eine goldene Münze
- eine graue Feder

  und sprach:

  - „Nimm dies und lege es in dieser Nacht unter deine Schlafstätte."
  - „Nimm dies und vergrabe es hinter deiner Hütte."
  - „Nimm dies und schenke es dem Nächsten, den du auf deinem Wege triffst."

Es tat wie ihm geheißen. Und als es am nächsten Morgen erwachte, erschien ihm ein wunderschöner Königssohn und sprach:

- „Du hast mich erlöst. Nun hast du drei Wünsche frei."
- „Du hast mich errettet. Ab heute sollst du in meinem Schlosse wohnen."
- „Du hast mich nach 100 Jahren erlöst. Ich will dir mit Gold und Silber danken."

  Und wenn sie nicht gestorben sind,

  - so leben sie noch heute.
  - leben sie glücklich und zufrieden bis an ihr Lebensende.

Märchen werden von allen Völkern der Welt erzählt.

Es sind fantasievolle Geschichten, in denen Tiere oder Dinge sprechen können und in denen **fantastische Wesen** wie Hexen, Zwerge oder Riesen vorkommen.

Märchenfiguren haben häufig **gegensätzliche Eigenschaften.**

Sie befinden sich oft in schwierigen Situationen, müssen Aufgaben lösen und Gefahren überwinden, bis am Ende dann das Gute siegt.

In vielen Märchen **spielen die Zahlen 3, 7 und 12 eine besondere Rolle.** Außerdem kommen in Märchen häufig **Sprüche, Verse oder Zauberformeln** vor.

Viele Märchen **haben** einen **besonderen Anfangs- und Schlusssatz.**

Märchen wurden ursprünglich nur mündlich überliefert, das heißt, nur durch Erzählen weitergegeben.

Die ▶ Brüder Grimm haben in Deutschland als erste Märchen gesammelt und aufgeschrieben.

Wir suchen eine große Wohnung für acht Personen.

Raum: hinter den Bergen

Zuschriften an: _____

FRAU H. EXE

IM LEBKUCHENHAUS 2

12345 WALDESRUH

1 Schreibe die Begriffe auf kleine Zettel. Lege sie an den richtigen Text.

| Comic | | Lexikonartikel | | Lied | | Visitenkarte | | Zeitungsannonce |

2 Auf den beiden Seiten findest du viele Märchen.
Erzähle eines davon mit eigenen Worten.

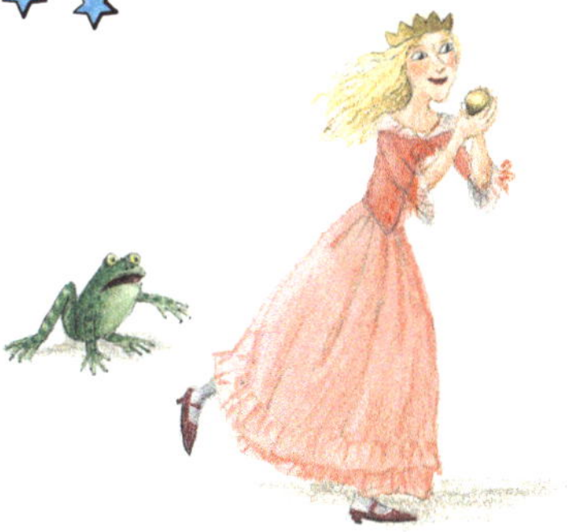

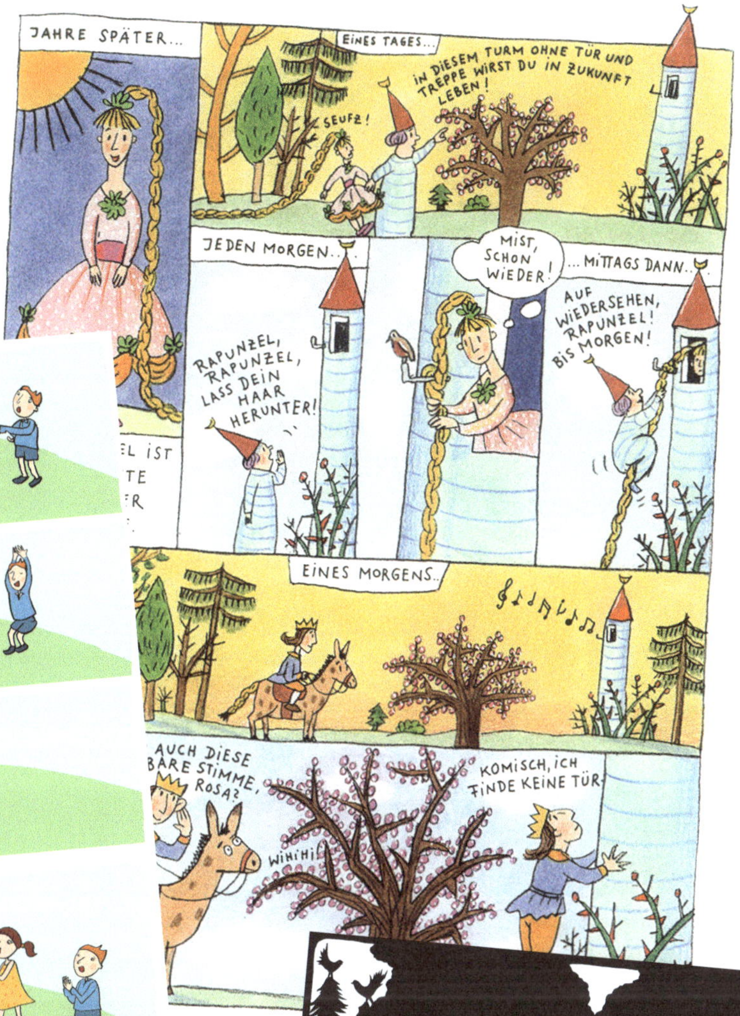

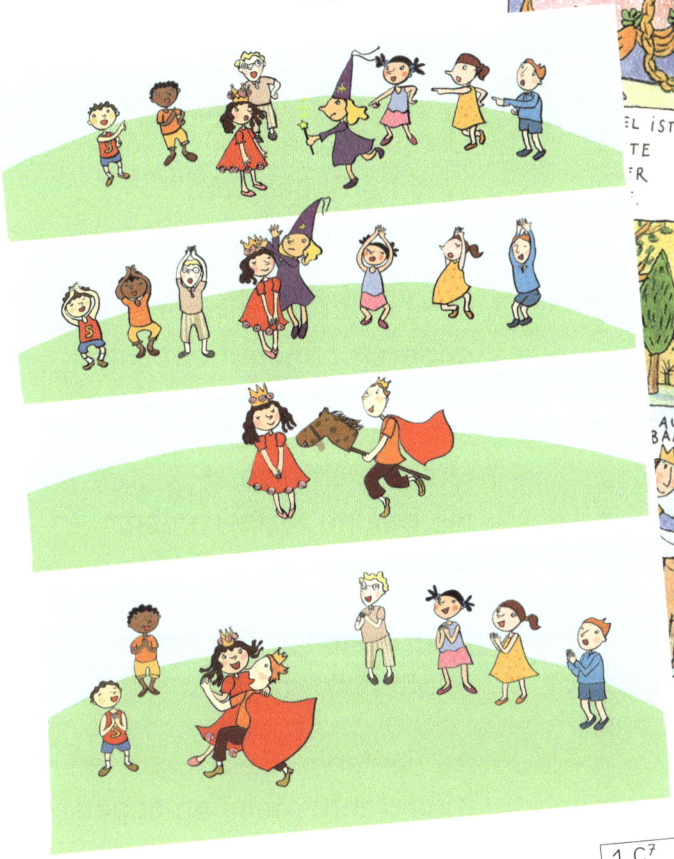

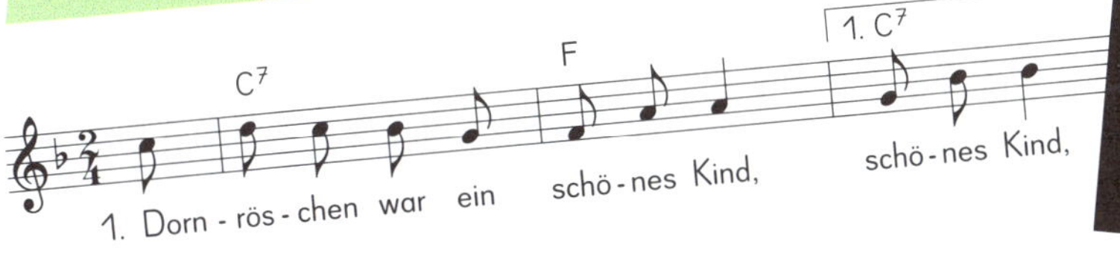

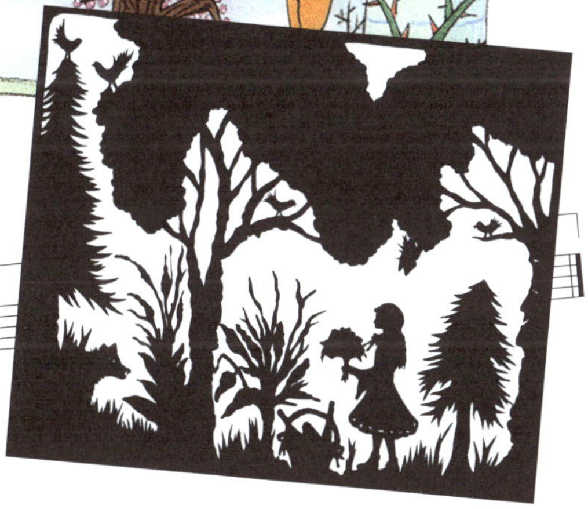

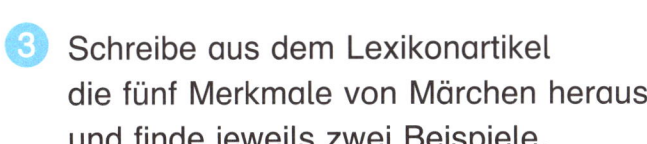

3 Schreibe aus dem Lexikonartikel
die fünf Merkmale von Märchen heraus
und finde jeweils zwei Beispiele.

Heft 4, Seite 19 ③

fantastische Wesen: Zwerge, …

gegensätzliche Eigenschaften: gut und böse, …

Zahlen: sieben Raben, …

…

4 Ein Inhaltverzeichnis lesen

1 Beantworte die Fragen
mithilfe des Inhaltverzeichnisses
aus der Kinderzeitschrift.

Inhalt

2 Schreibe auf und begründe,
welches Thema dich interessiert.

Heft 4, Seite 20 ①

a) Lisa wird die Seite 12 über Flusspferde und Seite … über … lesen.
b) Für Mika …

…

a) Lisa liebt Tiere.
Welche Seiten wird
sie wohl lesen?

b) Mika soll über Kinder in
anderen Ländern berichten.
Was ist für ihn interessant?

c) Linus sucht zuerst
die beiden Rätselseiten.
Wie heißen sie?

d) Über welchen Buchautor
erfährst du mehr im Heft?

e) Auf welchen Seiten können
Kinder ihre Meinung sagen?

Heft 4, Seite 20 ②

Ich würde gerne … lesen, weil … .

…

4 Gezielt Informationen suchen

1 Decke den Text ab. Sieh dir nur die Fotos an.
Vermute, wovon der Text wohl handelt.

2 Sieh dir die Fotos an. Suche die Antworten im
passenden Textabschnitt und schreibe sie auf.

a) Wo ist die Heimat der Flusspferde?

b) Wie viele Kälber bringen Flusspferdkühe
meistens zur Welt?

c) Wie lang werden die Zähne der Flusspferde?

Heft 4, Seite 21 ②
Abschnitt 1: Die Heimat der
Flusspferde ist Afrika.
Abschnitt __: ...
...

1 Die Heimat der Flusspferde ist Afrika. Sie leben in
Gebieten mit Seen und langsam fließenden Flüssen.
Erwachsene Tiere können von der Schnauze bis zum
Schwanz mehr als vier Meter lang werden und bis
zu 3 500 Kilogramm wiegen. Ihre graubraune Haut
ist nur im Gesicht mit rosa Flecken gesprenkelt.

2 Am riesigen Kopf sitzen die Augen, Ohren und die
Nase so weit oben, dass sie aus dem Wasser heraus-
ragen, auch wenn das Tier ganz untergetaucht ist.
Die mächtigen Eckzähne im Unterkiefer werden oft
bis zu 50 Zentimeter lang.

3 Erwachsene Flusspferde fressen bis zu
50 Kilogramm Grünzeug am Tag.
Flusspferdkühe bringen meistens nur ein Kalb
zur Welt, selten sind es zwei Jungtiere. Da die Dick-
wanste kaum natürliche Feinde haben, können sie
in freier Wildbahn bis zu 40 Jahre alt werden.

4 Wichtige Wörter in einem Text finden

> Wichtige Wörter helfen dir, den Inhalt eines Textes zu verstehen.
> Mit ihrer Hilfe kannst du den Text in eigenen Worten wiedergeben.

1 Lies den Text.
Die Lupen kennzeichnen wichtige Wörter.
Dies können einzelne oder mehrere Wörter sein.
Schreibe sie in der richtigen Reihenfolge auf.

Heft 4, Seite 22 ①
1 einsame Gegenden
2 Felsen
...

Der Steinadler

Weil der Steinadler so majestätisch fliegt, wird er auch als „König der Lüfte"

bezeichnet. Obwohl die Vögel die Nähe des Menschen meiden und

einsame Gegenden mit **Felsen** lieben, ist der Steinadler vereinzelt noch

in **Deutschland** zu Hause. So brüten in den Höhenlagen der **Alpen** noch

5 ungefähr 50 Steinadler-Paare. Der Steinadler ist bei uns die **zweitgrößte Adlerart**.

Nur die Seeadler werden etwas größer. Wie alle anderen Adlerarten auch

besitzt der Steinadler einen kräftig gekrümmten Hakenschnabel.

Erwachsene Tiere haben ein dunkelbraunes Gefieder und

einen weiß-schwarzen Schwanz. Seine leuchtend gelben Krallen sind

10 messerscharf und helfen ihm bei der Jagd.

2 Jede Lupe weist auf eine wichtige Wortstelle in der Zeile hin. Schreibe sie heraus.

Heft 4, Seite 23 ②
1 Greifvogel, 2 scharfe …
…

Der Steinadler ist ein Greifvogel.  1

Seine scharfen Augen sind bei der Jagd aus der Luft sehr wichtig. 2

Mit ihrer Hilfe erspäht er die Beute noch aus großer Höhe.

Seine Nahrung besteht hauptsächlich aus kleineren Nagetieren, 3

wie Hasen, Murmeltieren oder Mäusen.

Da er sehr kräftig ist und mit seinen Krallen und seinem Schnabel 4

gut zupacken kann, erbeutet er aber auch größere Tiere, wie Füchse

oder Rehkitze. Adler greifen ihre Beute immer aus der Luft an.

In freier Wildbahn können Steinadler bis zu zwanzig Jahre alt 5

werden, in Gefangenschaft werden sie aber auch etwas älter.

3 Entscheide, ob die Aussagen richtig oder falsch sind.

Heft 4, Seite 23 ③
Richtig: …
Falsch: a), …

a) Steinadler sind größer als Seeadler.

b) Steinadler jagen aus der Luft.

c) Die Vögel zählen zu den Greifvögeln.

d) Steinadler sieht man nur noch in freier Wildbahn.

e) Die Steinadler haben gelbe Augen und einen gekrümmten Schnabel.

f) Bei der Jagd helfen dem Steinadler die scharfen Krallen und Augen.

4 Fasse den Inhalt der beiden Texte mit eigenen Worten zusammen. Verwende dazu die wichtigen Wörter aus ❶ und ❷.

Heft 4, Seite 23 ④
Steinadler
…

4. Informationen in einem Text finden

1 Sieh dir nur das Bild an und lies die Überschrift.
Schreibe auf, wovon der Text wohl handelt.

Heft 4, Seite 24 ①
In diesem Text geht es
wahrscheinlich um …

Wer ist wo und wie ist's dort?

Weit, weit weg – etwa auf halber Strecke zwischen
Donnerstag und dem Nordpol – liegt das Grasland.
Dort wohnen die Opodeldoks. Im Grasland wächst viel Gras.
Es gibt da Hafergras und Flattergras, Borstengras und
5 Zittergras, Rispengras und Lispelgras und zweiundneunzig
andere Grassorten. Aber es gibt wirklich nur Gras.
Nicht einmal ein Busch wächst da, geschweige denn ein Baum.
Gras ist wirklich das Wichtigste für die Opodeldoks.
Es ist kaum zu glauben, was sie alles daraus machen können!
10 Sie flechten Teppiche und Decken aus Grashalmen und weben herrliche Stoffe
aus getrockneten Gräsern. Ihre Kleider bestehen aus fein gesponnenen Gras-
fasern, und die vielen großen Kissen, die sie aus Graswolle stricken, werden
natürlich mit duftendem Heu gefüllt. Die vielen Kissen brauchen sie für
den Boden ihrer Schlafhöhle. Das Gras steht natürlich auch auf dem Speise-
15 zettel der Opodeldoks. Aus zarten Grasspitzen machen sie zum Beispiel einen
wohlschmeckenden Grassalat. Und aus gekochten Gräsern bereiten sie ein
gutes Gemüse, das ein bisschen wie Spinat schmeckt. Aber noch lieber essen
die Opodeldoks Hühnereier …

Paul Maar, Sepp Strubel

2 Beantworte die Fragen.
Schreibe die Antworten aus dem Text ab.

a) Wo befindet sich das Grasland?

b) Welche Arten Gras wachsen im Grasland?

c) Was stellen die Opodeldoks aus getrockneten Gräsern her?

Heft 4, Seite 24 ②
a) Weit, weit, weg –
   etwa auf halber …

b) …

d) Warum benötigen die Opdeldoks Kissen?

e) Welche Mahlzeiten kochen die Opodeldoks aus Gras?

5. Bild-Zeichen lesen

> Bild-Zeichen findet man überall dort, wo viele Menschen sich rasch zurechtfinden müssen, z. B. an Bahnhöfen oder am Flughafen.

1 Zeichne jedes Bild-Zeichen ab.
Schreibe die englische und deutsche Bedeutung dazu.

Heft 4, Seite 25 ①

Train station – Bahnhof

...

Arrival   Departure   Visitor terrace   Exchange   Train station   Passport control

Abflug

Ankunft

Besucherterrasse

Geldwechsel

Bahnhof

Passkontrolle

2 Betrachte das Bild. Beantworte die Fragen.

a) Mit welchen Verkehrsmitteln könnte Anna zum Flughafen gekommen sein?

b) Was befindet sich in Terminal B?

c) In welchem Terminal kann Anna Euros in Britische Pfund tauschen?

d) In welchem Terminal findet Anna die Toiletten?

Heft 4, Seite 25 ②

a) Anna könnte mit der

Bahn oder ...

b) ...

5. Einen Fahrplan lesen

1 Beantworte die Fragen mithilfe des Busfahrplans.

Fahrplan gültig ab 01.04.2011							
L 054	**Markplatz – Krankenhaus – Hauptbahnhof**						
	Montag–Samstag					Sonntag	
Marktplatz	7.25	10.42	12.25	17.05 ✝	20.42	8.04	13.33
Bergstraße	7.27	10.44	12.27	17.07 ✝	20.44	8.06	13.35
Martinskirche	7.30	10.47	12.30	17.10 ✝	20.47	8.09	13.38
Feuerwache	7.36 ○	10.53	12.36 ○	17.16 ✝	20.53	8.15 ○	13.44
Krankenhaus	7.40	10.57	12.40	17.20 ✝	20.57	8.19	13.48
Mörikestraße	7.42	10.59	12.42	17.22 ✝	20.59	8.21	13.50
Grundschule	7.45 ✳	11.02 ✳	12.45 ✳	17.25 ✝	21.02 ✳	8.23	13.55
Kaiserallee	7.51	11.08	12.51	17.31 ✝	21.08	8.29	14.01
Hauptbahnhof	7.56	11.13	12.56	17.36 ✝	21.13	8.34	14.06
	✳ Keine Haltestelle in den Schulferien						
	✝ Nicht an Feiertagen						
	○ Direktanschluss an den Schnellbus B 102						

a) Für welche Busnummer gilt der Fahrplan?

b) Wie viele Haltestellen sind es vom Marktplatz
   bis zur Endstation?

c) Wann kann Ben den ersten Bus von der Feuerwache nehmen?

d) Wann kommt Ben in der Mörikestraße an,
   wenn er in der Bergstraße um 12.27 Uhr einsteigt?

e) Wann und an welcher Haltestelle hat Ben einen Direktanschluss
   an den Schnellbus?

f) Bens Tante wohnt in der Kaiserallee. Ben möchte sie am Pfingstmontag
   besuchen. Wann kann er vom Marktplatz losfahren?

Heft 4, Seite 26 ①

a) Der Fahrplan gilt
   für den Bus mit
   der Nummer __.

b) ...

2

Er hält nicht
in den Schulferien und
auch nicht ...

An welchen Tagen
hält der Bus nicht an
der Grundschule?

5. Diagramme lesen

Diagramme sind Schaubilder. Sie stellen wichtige Informationen und Zahlen in Form eines Bildes dar. Es gibt:

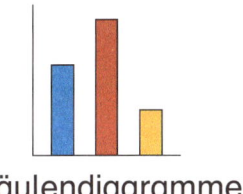
Säulendiagramme

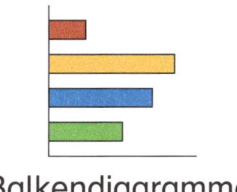
Balkendiagramme

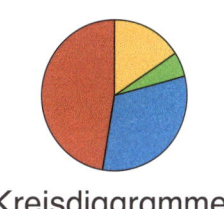
Kreisdiagramme

1 Die Klasse 3 der Rhein-schule zählte einen Vor-mittag lang den Verkehr in der Schulstraße. Welche Aussagen passen zum Säulendiagramm?

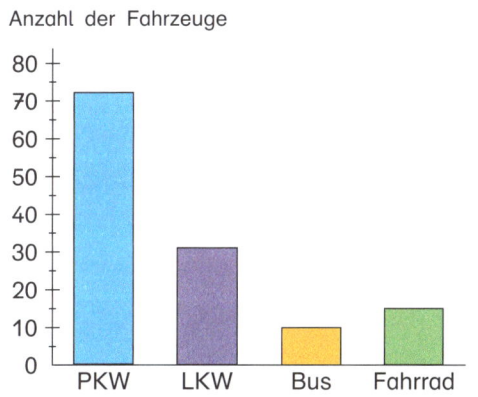

Heft 4, Seite 27 ①
Das Schaubild zeigt,
a) welche ...
...

Das Schaubild zeigt, ...

a) ... wie die Grundschüler an diesem Tag zur Schule kamen.

b) ... welche Fahrzeuge an der Schule vorbeifuhren.

c) ... wie viele Fahrzeuge an der Schule vorbeifuhren.

d) ... dass PKW am häufigsten vorbeifuhren.

e) ... wie viele Leute zu Fuß vorbeigingen.

f) ... dass nur sieben Busse vorbeifuhren.

2 Schreibe auf, welches Kreisdiagramm zum Säulendiagramm aus **1** passt.

Heft 4, Seite 27 ②
...

a) 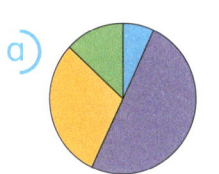   b) 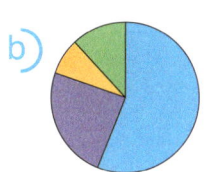   c)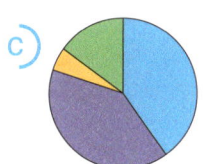

PKW
LKW
Bus
Fahrrad

 **5.** Informationen aus einem Prospekt entnehmen

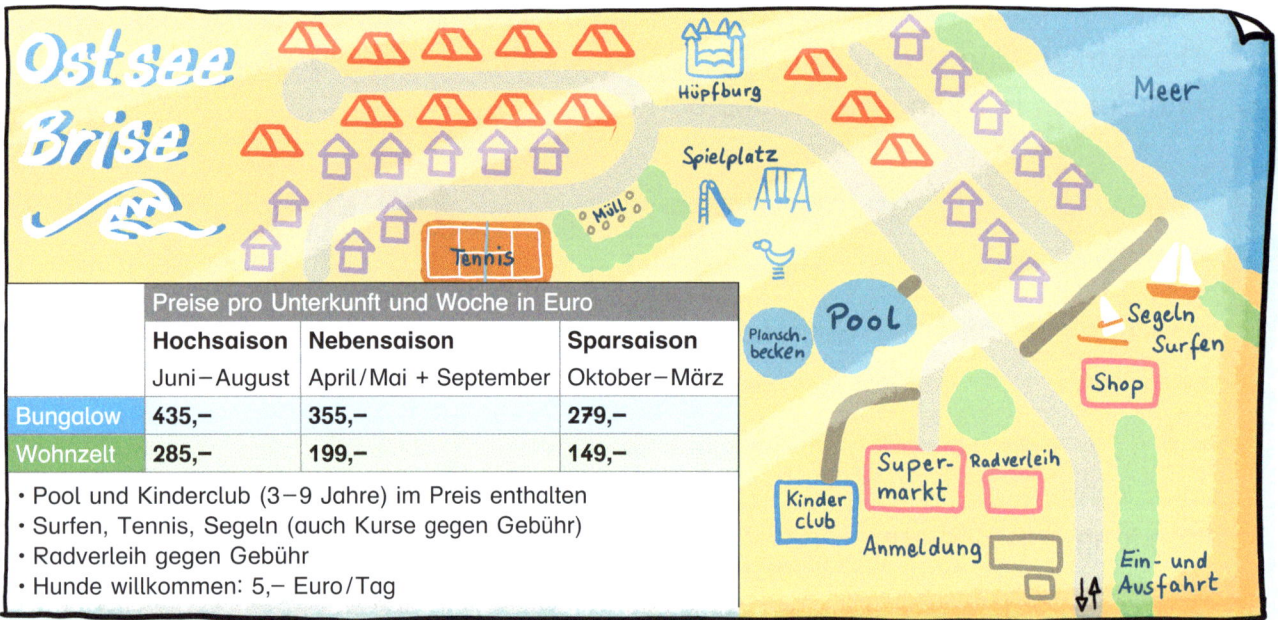

Ostsee Brise

Hüpfburg
Spielplatz
Müll
Tennis
Plansch-becken
Pool
Meer
Segeln Surfen
Shop
Kinder club
Super-markt
Radverleih
Anmeldung
Ein- und Ausfahrt

Preise pro Unterkunft und Woche in Euro			
	Hochsaison	Nebensaison	Sparsaison
	Juni–August	April/Mai + September	Oktober–März
Bungalow	435,–	355,–	279,–
Wohnzelt	285,–	199,–	149,–

• Pool und Kinderclub (3–9 Jahre) im Preis enthalten
• Surfen, Tennis, Segeln (auch Kurse gegen Gebühr)
• Radverleih gegen Gebühr
• Hunde willkommen: 5,– Euro/Tag

1 Betrachte den Prospekt.
Schreibe auf, worüber er informiert.

Heft 4, Seite 28

Der Prospekt informiert über …

2 Beantworte die Fragen mithilfe des Prospektes
in ganzen Sätzen.

a) Wie viele Wohnzelte und Bungalows
bietet das Feriendorf?

Heft 4, Seite 28

a) Das Feriendorf bietet

b) Für welche Angebote müssen die Gäste
zusätzlich bezahlen?

17 Bungalows und …

b) …

c) Familie Huber bucht für zwei Wochen im August
einen Bungalow. Wie viel kostet das?

d) Was wird speziell für Kinder im Feriendorf angeboten?

e) Wie viel bezahlt Familie Eck für eine Woche im Wohnzelt im Mai?

f) Herr und Frau Koch verreisen in der
günstigsten Saison. Welche Monate sind das?

3 Stellt euch weitere Fragen zum Prospekt.

6. Über ein Gespräch nachdenken

1 Suche dir ein Partnerkind. Lest das Gespräch.

„Könnten wir uns heute Nachmittag treffen?"

„Wann?"

„Vielleicht um drei?"

„Da habe ich Klavierstunde."

„Und um vier?"

„Da muss ich zum Sport."

„Und um fünf?"

„Sport geht bis um halb sechs."

„Schade, um sechs essen wir zu Abend."

„Später kann ich auch nicht mehr.
Wir haben so viele Hausaufgaben auf."

„Morgen kann ich nicht.
Um zwei Gitarrenkurs in der Musikschule.
Halb vier Mathe-Nachhilfe.
Und um sechs noch Hallenhandball."

„Und wie ist es am Freitag?"

„Warte mal! Jetzt muss ich erst meinen Terminkalender suchen.
Aber da ist bestimmt auch viel. Das weiß ich jetzt schon!"

„Ich habe meinen Kalender vergessen.
Weißt du was? Ich rufe dich heute Abend mal an.
Dann habe ich meinen Kalender, und wir machen uns einen Termin aus."

„Du, Freitag geht auch nicht! Da muss ich zum Reiten!"

Rolf Krenzer

2 Sprecht miteinander über den Text.

a) Was denkt ihr über den Text? Welches Kind wärt ihr lieber?

b) Was möchte der Autor wohl mit dem Text sagen?

c) Wie sieht es bei euch mit Terminen aus? Seid ihr zufrieden mit eurem Programm?

3 Findet gemeinsam eine Überschrift für den Text.

6. Stimmungen zum Ausdruck bringen

1 Schreibe Wörter heraus, die zeigen,
dass der Zauberer Kotzmotz wütend ist.

Heft 4, Seite 30 ①
stampfte, wütend, …

Der Zauberer Kotzmotz stand in seiner
Zauberküche und stampfte mit dem Fuß auf.
Er war wütend, er war zornig, er war sozusagen essiggurkensauer.
Genau genommen hatte er eine riesige, kellerschwarze, stachelige Stinkwut.

5 Und deshalb schrie und stampfte und tobte er so, dass sein ganzes Haus wackelte.
„Sauschwartenschweinerei!", schrie er.
„Warzenschleim mit Senfsoße!", schrie er.
„Verpickelte Bananenpampe!", schrie er.
Und sein liebstes Schimpfwort brüllte er, so laut er konnte, und das war

10 SEHR laut, und er schrie es gleich dreimal hintereinander:
„Verstinkter Affenhintern in Pupssuppe!"
Und dann schmiss er sein Zauberbuch auf den Boden und trampelte
so lange darauf herum, bis er es zu Konfetti zerstampft hatte.

2 Lies den Text so vor, dass die Wut des Zauberers deutlich wird.

3 Lies den nächsten Abschnitt. Schreibe auf,
wie sich der Hase fühlt. Beschreibe die Gefühle
vom Eichhörnchen und dem Käfer.

Heft 4, Seite 30 ③
Hase: …
Eichhörnchen: …
…

Und die Tiere im Wald liefen in ihre Verstecke
15 und drückten sich eng aneinander.
Nur der kleine, immer zerzauste Hase mit dem
Knick im Ohr war ziemlich unbeeindruckt: „Warum tobt er so?", fragte er das
Eichhörnchen, das sich die Augen zuhielt. „PSSSSST", flüsterte das erschrocken.
„Ich bin unsichtbar." Und es sprang schnell einen Baum weiter. Dort hielt es
20 sich gleich wieder die Pfoten fest vor die Augen. „He du,
grüner Käfer", fragte der zerzauste Hase, „warum tobt er so?"
„Pssssst!", huschelte der und rannte mit seinen sechs
Beinchen so schnell er konnte unter das nächste Blatt.

6.

4 Lies weiter.
Schreibe die Lieblingswörter
des kleinen Hasen auf.

Heft 4, Seite 31 ④

Lieblingswörter des Hasen: …

Er muss ziemlich verärgert sein,
25 dachte der kleine Hase,
wenn er diese wütenden Wörter brüllt,
wo es doch so viele wunderschöne Wörter gibt.
„LIBELLENFLÜGELPERLMUTT", summte er.
„FROSCHBACKENPOSAUNENMUSIK", sang er.
30 „SAMTKÄTZCHENDUFTGESTREICHEL", erfand er.
„HIMBEERROSASCHNÜRSCHUHTÄNZCHEN",
kicherte er und hopste dabei im Kreis herum,
bis er an die Tür des Zauberes stieß.
„Lauf weg! Lauf weg!", kreischte die Elster so schrill und heftig,
35 dass der Hase eine Gänsehaut bekam und sein letztes schönes Wort
„MAMABAUCHKUSCHELWEI…!" ihm im Halse stecken blieb.

Brigitte Werner

5

6. Eine Geschichte lesen und verstehen

1 Lies die Geschichte vom Löwen, der nicht schreiben konnte.

Der Löwe konnte nicht schreiben. Aber das störte den Löwen nicht,
denn der Löwe konnte brüllen und Zähne zeigen und mehr brauchte er nicht.
Eines Tages aber traf er eine Löwin, die las in einem Buch und war sehr schön.
Eine Löwin, die liest, ist eine Dame. Und einer Dame schreibt man Briefe.
Das hatte er von einem Missionar gelernt, den er gefressen hatte.
Also brauchte der Löwe Hilfe. Zuerst schrieb der Affe einen Brief für ihn.
Darin stand: „Liebste Freundin, wollen Sie mit mir auf die Bäume klettern?
Ich habe auch Bananen. Total lecker! Gruß Löwe."

„Aber neiiiiiin!", brüllte der Löwe. **„So etwas hätte ich doch nie geschrieben!"**

Und der Löwe zerriss den Brief. Dann ging er hinunter zum Fluss.
Dort musste das Nilpferd einen neuen Brief schreiben.
Danach waren der Mistkäfer, die Giraffe und das Krokodil an der Reihe.
Doch keines der Tiere fand die richtigen Worte.

2 Überlege, welches Tier welchen Brief geschrieben hat.

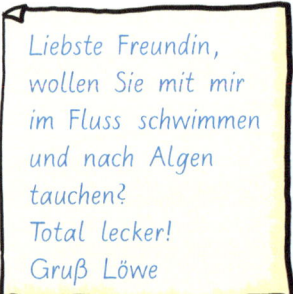

Liebste Freundin,
wollen Sie mit mir
im Fluss schwimmen
und nach Algen
tauchen?
Total lecker!
Gruß Löwe

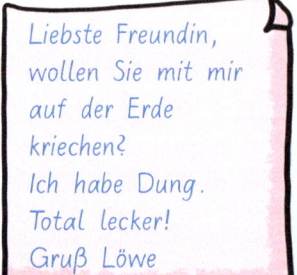

Liebste Freundin,
wollen Sie mit mir
auf der Erde
kriechen?
Ich habe Dung.
Total lecker!
Gruß Löwe

Liebste Freundin,
heute Abend gibt es
noch einen Rest
Giraffe.
Komm auch!
Total lecker!
Gruß Löwe

3 Die Giraffe wurde leider mitsamt ihrem Brief vom Krokodil gefressen. Schreibe auf, was wohl in diesem Brief stand.

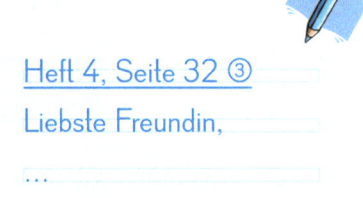

Heft 4, Seite 32 ③
Liebste Freundin,
...

4 Lies weiter. Gib den Tieren unterschiedliche Stimmen und beachte ihre Gefühle.

Zuletzt las der Geier seinen Vorschlag vor.
„Liebste Freundin, ich bin der Löwe und ich
bin der Boss hier. Ich will dich kennen lernen!"
Der Löwe nickte zufrieden mit dem Kopf.
Ja, so hätte er das auch gesagt.
Der Geier las weiter:
„Wir können über den Dschungel fliegen.
Ich hab auch Aas. Total lecker! Gruß Löwe."

Jetzt reichte es aber!

„Nein!"

... brüllte der Löwe.

„Neiiiiiin!

Nein!

nochmals und Nein!"

„Ich würde ihr schreiben, wie schön sie ist.
Ich würde ihr schreiben, wie gerne ich sie sehen würde.
Einfach nur zusammen sein. Einfach faul unter einem Baum liegen.
Einfach in den Abendhimmel gucken! Das kann doch nicht so schwer sein!"

Und dann brüllte er los, brüllte all die wunderbare Dinge, die er schreiben würde,
wenn er könnte. Aber der Löwe konnte ja nicht. Und so brüllte er noch eine Weile.
„Warum haben Sie denn nicht selbst geschrieben?" Der Löwe drehte sich um.
„Wer will das wissen?" „Ich", sagte die Löwin mit dem Buch. Und der Löwe
mit den scharfen Zähnen antwortete leise: „Ich habe nicht geschrieben,
weil ich nicht schreiben kann." Da lächelte die Löwin,
stupste den Löwen mit der Nase
und nahm ihn mit.   *Martin Baltscheit*

5 Spielt oder lest die Geschichte mit verteilten Rollen.

6. Über einen Text nachdenken

1 Lies den Text Abschnitt für Abschnitt und bearbeite die Aufgaben.

Mein Freund Ringo

Seit Tim in die dritte Klasse geht, fährt er jeden Morgen mit der S-Bahn
zur Schule. Seine Eltern haben keine Zeit, ihn hinzubringen, denn sie arbeiten
beide – der Vater in einer anderen Stadt, die Mutter zu Hause am Computer.
Außerdem macht es Tim gar nichts aus, mit der S-Bahn zu fahren.
Wer schon in die dritte Klasse geht, ist doch kein kleiner Junge mehr.
Und so sitzt er jeden Morgen an seinem Fensterplatz und schaut in die
vorbeifliegende Landschaft hinaus. Im Sommer ist alles grün und die Sonne
scheint durchs Fenster, als wollte sie Tim einen guten Morgen wünschen.

a) Male ein Bild, wie die Welt aus dem Zugfenster für Tim
bei Regenwetter oder im Winter aussieht.

Heft 4, Seite 34 ①
b) Tim denkt vielleicht …

…

b) Schreibe auf, was Tim denken könnte.

Ja, Tim hat viel Phantasie und kann sich alles vorstellen.
Wie sollte es ihm da in der S-Bahn langweilig werden?
Bis wenige Tage vor Weihnachten aber war die S-Bahn-Fahrerei
für Tim noch spannender. Da freute er sich jeden Morgen
auf die Station Sportfeld. Denn dort stieg Ringo in den Zug.
Ringo war Tims bester Freund, obwohl er schon längst erwachsen war.

c) Überlege, wer Tims erwachsener Freund Ringo
sein könnte. Schreibe es auf.

Heft 4, Seite 34 ①
c) Ringo könnte …

Ringo rasierte sich selten und machte sich nie besonders fein. Das hätte zu einem Straßenmusikanten auch gar nicht gepasst. Und zu dem großen, schon sehr abgewetzten Koffer, den Ringo immer mit sich herumschleppte, auch nicht. Als Straßenmusikant hatte er es nicht leicht.

d) Überlege, warum es Ringo als Straßenmusikant wohl nicht leicht hat.
Begründe deine Meinung.

Heft 4, Seite 35 ①

d) Ringo hat es vielleicht nicht leicht, weil …

Viele Leute gingen einfach an ihm vorüber, andere guckten ihn an, als würden sie ihn am liebsten einsperren lassen. Nur wenige warfen ihm eine Münze in den Koffer. Dabei war Ringo doch ein richtiger Künstler. Wer stehen blieb und ihm, dem Kurti und der Sophie zuhörte und zuschaute, bekam gleich gute Laune. Wer Kurti und Sophie waren? Ringos Mitspieler. Zwei Marionetten. Sie schliefen in Ringos Koffer. Weshalb Ringo nur Ringo gerufen wurde? Weil er an jedem Finger und in jedem Ohr einen Ring trug. Sogar um die Handgelenke trug er welche. Tim liebte Ringos Vorstellungen. Jedes Mal wenn er aus der Schule kam und über den Marktplatz zum Bahnhof ging, guckte er Kurti und Sophie ein Weilchen zu. Und hörte er Leute schimpfen, zeigte er ihnen heimlich einen Vogel.

Klaus Kordon

e) Schreibe deine Meinung auf und begründe.
Wie findest du das Verhalten der Leute auf dem Marktplatz?

Heft 4, Seite 35 ①

e) Ich finde, dass …
…

2

7 Sich in einer Bücherei orientieren

In einer Bücherei sind Bücher und andere Medien oft nach Themen geordnet. Innerhalb des Themas werden sie mithilfe einer **Signatur** alphabetisch nach den Nachnamen der Autorinnen und Autoren sortiert.
Gru – Ma steht für das Thema **Gru**selgeschichten von dem Autor Manfred **Ma**i.

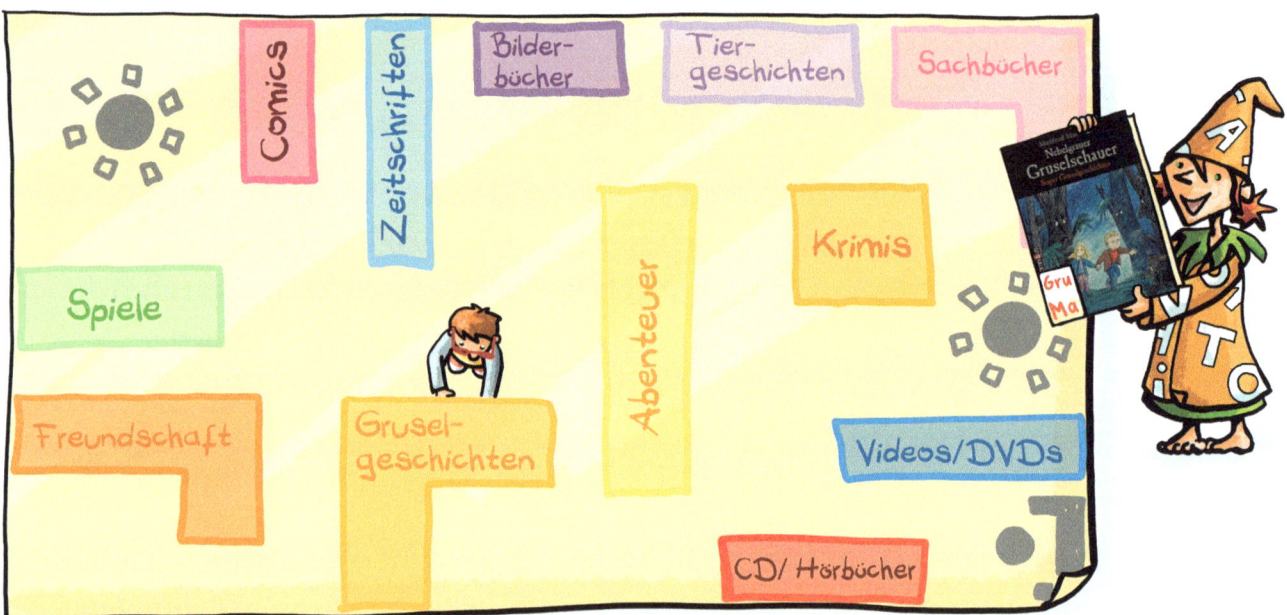

1 Ordne die Titel der Bücher und Medien den einzelnen Themen zu. Ergänze eigene Beispiele für alle Themen.

| Kommissar Kugelblitz – Der Fall Kiwi | | Der Struwwelpeter |

| Planeten und Raumfahrt | | Liederspaß im Kindergarten |

| Keine Angst vor Schlossgespenstern | | HalliGalli | | Ice Age |

Heft 4, Seite 36 ①

Krimis: …
CDs/Hörbücher: …
Sachbücher: …
…

2 Sortiere die Gespensterbücher richtig in den Themenbereich **Gruselgesschichten** ein.

Heft 4, Seite 36 ②

Boehme, Flacke, …

7 Ein Kinderbuch kennen lernen

Autorin

Titel

Verlag

Titelseite

Der Inhalt

Es ist eine wilde, stürmische Gewitternacht, als Moses zu den Seeräubern kommt: In einer hölzernen Waschbalje schaukelt das winzige Baby auf dem tosenden Meer. Käpt'n Klaas und seine Männer werden Moses beste Freunde und Ersatzeltern. Da wird Moses eines Tages von Käpt'n Klaas' größtem Widersacher, Olle Holzbein, gekidnappt. Olle verlangt als Lösegeld die Schatzkarte für den Blutroten Blutrubin des Verderbens. Und er scheint auch etwas über Moses' wahre Herkunft zu wissen. Mit Dohlenhannes, dem neuen Freund, gelingt Moses die Flucht von Olle Holzbeins Schiff. Aber ob sie vor den Seeräubern dem Blutroten Blutrubin auf die Spur kommen und dabei auch noch Moses wirkliche Eltern finden?

1 Falte ein Blatt Papier zu einem Klappbuch. Schreibe die Informationen von der Titelseite auf die linke Innenseite. Schreibe auf die rechte Innenseite, ob du das Buch gerne lesen möchtest und warum.

Titel:

Autor:

Verlag:

Ich würde Seeräuber-Moses gerne lesen, weil ...

2 Gestalte ein eigenes Cover. Schreibe einen kurzen Klappentext.

Die Titelseite und die Rückseite eines Buches heißen **Cover**. Hier findest du Angaben zum Titel des Buches, zum Autor und Illustrator und zum Verlag.

Auf der Rückseite eines Buches steht der **Klappentext**. Hier erfährst du etwas über den Inhalt des Buches. Der Klappentext soll neugierig auf das Buch machen. Er verrät nicht alles.

7 Klappentexte Büchern zuordnen

1 Lies die Klappentexte und ordne sie den Büchern zu.
Die Lösungsbuchstaben ergeben den Namen
eines bekannten deutschen Kinderbuchautors.

Heft 4, Seite 38 ①

1 = P _____

2 = ... _____

Eines Tages bringt das Postschiff ein
geheimnisvolles Paket nach Lummerland.
Und das versetzt die Bewohner der kleinen
Insel ganz schön in Aufregung. Denn darin
steckt: Jim Knopf! Dies sind die lustigen
und spannenden Abenteuer von Jim Knopf
und Lukas dem Lokomotivführer mit
Scheinriesen, Halbdrachen und vielen
anderen außergewöhnlichen Wesen.

A

Als eines Morgens ein riesiges graues Pferd
auf der Terrasse steht, traut Hermann seinen
Augen kaum. Das Pferd heißt Milchmann
und seine gewaltigen Lippen zittern, als
wolle es gleich losheulen. Das ist schon un-
gewöhnlich genug, aber noch seltsamer ist,
dass auch bei den anderen Kindern Pferde
auftauchen. Das kann kein Zufall sein,
denkt Hermann, und ist sich ganz sicher:
die Pferde sind in Gefahr!

M

Endlich ist es soweit: Eric darf mit seinem
afrikanischen Papa nach Ghana fliegen
und seine Oma besuchen. Seinen besten
Freund Flo nimmt er mit. In Ghana ist vieles
anders als daheim in Bremen. Hier ist es
nämlich Flo, der zwischen all den schwarzen
Kindern auffällt. Eric und Flo erleben auf-
regende Tage in dieser anderen Welt, wo es
Krokodile gibt, wo ein Gewitter noch ein
richtiges Unwetter ist und wo Aba lebt, die
Schlangenbeschwörerin werden möchte.

A

Neue Nachbarn in Marlenes Haus!
Manuel, Marlenes neuer Nachbar,
ist Fünftklässler und Räuberhauptmann
einer ganzen Bande. Das trifft sich gut,
schließlich ist Marlene selbst Räuber-
hauptfrau. Es gibt allerdings zwei Probleme:
Das erste heißt Killer und ist Manuels Katze –
nicht unbedingt der ideale Spielgefährte
für Marlenes Ratte. Das zweite Problem
ist Manuel selbst: Er spielt grundsätzlich
nicht mit Mädchen! Doch so schnell
gibt Marlene nicht auf.

A

1

2

3

4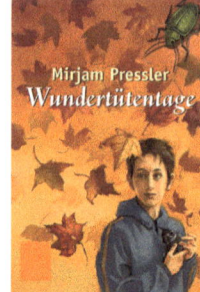

5  6 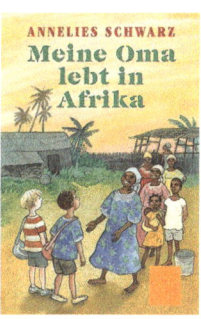 7  8

Auf ins Leseabenteuer!
Mit Ritterglück und Drachenmut
Leibeigen geboren, leibeigen gestorben, leibeigen ein Leben lang – ja, so heißt es wohl!
Aber ist es nicht schrecklich ungerecht, dass
alle Bauern ihrem Ritter gehören und kein
bisschen sich selbst? Das findet jedenfalls der
Bauernjunge Trenk. Er will es einmal besser
haben als sein Vater, der schon wieder auf
der Burg Schläge bekommen soll. Und so
bricht Trenk mit seinem Ferkelchen am
Strick auf in die Stadt, um dort sein
Glück zu machen …

R

Samis Welt gerät ins Wanken, als seine Eltern
an den Stadtrand ziehen und er sich an
eine neue Schule gewöhnen muss. Du schaffst
das, sagen alle. Schön wär's, denkt Sami.
Eines Tages lernt er Nicki kennen und erzählt
ihr von seiner wunderbaren Käfersammlung.
Nicki zeigt ihm die Katze Minka mit ihren
drei Babys, die sie in einem Schuppen ver-
steckt hält, damit sie am Leben bleiben.
Samis Tage sind nun wie Wundertütentage –
man weiß nie, was in ihnen steckt.

L

Als der Waisenjunge Assad mit seinem
Onkel Saadi, dem Diamantenhändler,
auf Handelsreise geht, wird das Schiff
auf hoher See gekapert. Assad gerät
in die Fänge des Piratenkapitäns Turuk,
der aus ihm einen gefürchteten Piraten
machen will. Doch Assad merkt bald,
dass er zwar das Meer liebt, nicht aber
das Plündern und Rauben, und so
beschließt er zu fliehen …

U

Hütet euch vor Räuber Grapsch. Zwei Meter
ist er groß. Mit seinem struppigen Bart
sieht er zum Fürchten aus. Besonders klug
ist er nicht, aber dafür besonders stark.
Weder Fledermausdreck in der Suppe,
noch Löwen in seiner Räuberhöhle können
ihn aus der Ruhe bringen. Und wenn er
Stiefel braucht, dann klaut er sie sogar
dem Räuberhauptmann persönlich!

P

2 Schreibe einen
kurzen Klappentext
zu deinem
Lieblingsbuch.

Überlege,
welches Buch du gerne lesen
würdest. Vielleicht findest du
es in der Bücherei.

7. Eine Kinderbuchautorin kennen lernen

1 Lies die beiden Texte.
Beantworte dann die Fragen.

Über Kirsten Boie

Im Jahr 2010 feierte Kirsten Boie gleich zwei Jubiläen: 60 Jahre Kirsten Boie und 25 Jahre Schriftstellerin. Denn 1985 erschien Kirsten Boies erstes Buch „Paule ist ein Glücksgriff" im Verlag Friedrich Oetinger. Seitdem hat die Hamburger Autorin fast 100 Kinder- und Jugendbücher veröffentlicht.

Interview mit Kirsten Boie

Mit welcher Ihrer Figuren haben Sie am meisten gemeinsam? Natürlich mit Moses. Die ist schließlich auch ein Frauenzimmer und eine kleine Dame.

Wie gut kennen Sie Ihre Figuren? Wissen Sie zum Beispiel, was sie am liebsten essen? Moses mag Sirup, den stibitzt sie sich ja immer bei Marten Smutje, und Rüben mag sie nicht. Linsen gehen so, und Dörrfisch auch. Von den Kerlen auf der „Süßen Suse" weiß ich eigentlich nur, was sie gerne trinken. (Und das ist nicht gut für Kinder, darum schreibe ich es nicht hin.)

Waren Sie gut in Deutsch?

Ziemlich. Auf Aufsätze habe ich mich immer gefreut. Und wenn die Note mal schlechter war, habe ich gedacht, es liegt daran, dass die Deutschlehrerin nicht erkennen kann, was gut ist. (Aber in anderen Fächern war ich nicht so arrogant.)

Was würde Seeräuber-Moses machen, wenn sie Bundeskanzlerin wäre?

Das will sie nicht sein. Sie bleibt lieber eine wunderschöne Prinzessin, die ihrem Land Glück und Gerechtigkeit bringt, wie die Weissagung des Blutroten Blutrubins es prophezeit.

Würden Sie gerne einen Tag mit Seeräuber-Moses verbringen? Was würden Sie zusammen unternehmen? Seemannsknoten üben. Aber beim zweiten Treffen dürfte Moses dann aussuchen, was sie machen will.

a) In welchem Jahr wurde Kirsten Boie geboren?

b) Wie heißt ihr erstes Buch
und wann ist es erschienen?

c) Wo lebt Kirsten Boie?

Heft 4, Seite 40 ①

a) Kirsten Boie wurde 19… geboren.

b) Ihr erstes Buch heißt …

7 Ein Lieblingsbuch vorstellen

So stelle ich ein Buch vor:

Ich schreibe zuerst die wichtigsten Informationen in einem Klappbuch auf (Titel, Autor, Inhalt, Hauptpersonen, …).

Ich wähle eine besonders lustige, spannende oder wichtige Stelle aus, die ich meinen Mitschülern vorlese.

a) Ich beginne meinen Vortrag mit den **wichtigsten Informationen** und erzähle dann, warum ich dieses Buch vorstellen möchte.

b) Ich sage anschließend, **worum es** in dem Buch **geht**, und stelle die **Hauptpersonen** vor. Ich nehme dazu meinen Klappentext zu Hilfe.

c) Ich lese etwas aus meinem Lieblingsbuch vor. Ich sage vorher, warum ich diese **Stelle** ausgesucht habe.

d) Ich beantworte zum Schluss die **Fragen** meiner Mitschüler.

1 Lies die Sprechblasen in der richtigen Reihenfolge von a) bis d) vor.

> Ich lese euch den Anfang vor, weil man da schon erkennt, wie lustig Tara erzählt: „Ich heiße Tara und bin acht Jahre alt. Das finde ich ein gutes Alter, weil man nicht mehr so klein ist wie die Kindergarten-Babys und die Erste-Klasse-Zwerge, aber erwachsen ist man zum Glück auch noch nicht. Sowieso finde ich, ich habe es schön: Eigentlich finde ich sogar, bei uns haben wir es am schönsten auf der Welt …"

> Mein Lieblingsbuch „Wir Kinder aus dem Möwenweg" ist von Kirsten Boie. Ich mag es sehr gerne, weil es so lustig ist und die Kinder so sind wie wir.

> In dem Buch geht es um acht Kinder, die alle nebeneinander in 6 Reihenhäusern im Möwenweg wohnen. Tara ist acht Jahre alt und berichtet, wie es war, als alle neu eingezogen und dann zu Freunden geworden sind. Seither hat die Bande viel zusammen erlebt, eigentlich ganz normale, aber auch sehr lustige Sachen wie Ausflüge, einen Eisverkauf am Gartenzaun, eine Verbrecherjagd und viele Feste. Und zum Glück sind fast alle Leute in ihrer Straße richtig nett. Nur mit Voisins, die keine Kinder haben, gibt es manchmal Ärger …

> Wollt ihr noch etwas wissen?

7 Ein Lesetagebuch führen

Ein Lestagebuch belegt, dass du ein Buch gelesen hast. Die unterschiedlichen Arbeitsvorschläge (malen, schreiben, weiterdichten, sich etwas ausdenken) helfen dir, das Gelesene besser zu verstehen.

Du kannst:
- ein Titelblatt selbst malen
- die wichtigsten Informationen zum Buch und zum Autor aufschreiben
- ein Inhaltsverzeichnis anlegen
- zu jedem Kapitel ein Bild malen, ein Foto machen oder die wichtigsten Stichworte und Sätze aufschreiben
- einen Steckbrief verfassen
- aufschreiben, was eine Person denkt und fühlt
- einen Brief an die Hauptperson schreiben
- einen Zeitungsartikel schreiben
- eine Tagebuchseite für eine Hauptperson erfinden
- dir ein Interview mit einer Hauptperson ausdenken
- einen Teil als Comic zeichnen
- Landkarten, Lagepläne zeichnen
- Porträts von Personen malen
- und, und, und …

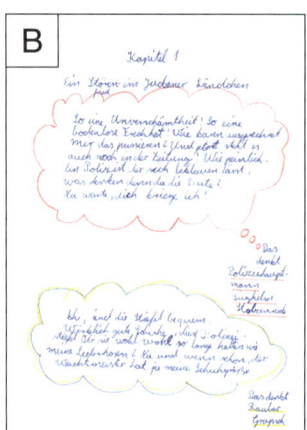
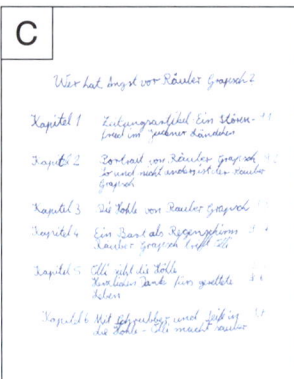

1 Überlege, welche der Vorschläge auf den Abbildungen zu sehen sind.

2 Wähle eine Anregung und bearbeite sie zu einem Buch, das du gerade liest.

Heft 4, Seite 42 ①

A – Porträts von Personen malen

B – …

8. Merkmale von Gedichten kennen lernen

Gedichte erzählen etwas in einer kurzen, ganz **besonderen Form**.
Gedichte sind oft in **Strophen** aufgeteilt. Die einzelnen Zeilen nennt man **Verse**.

Blumen, die eine Wiese bedecken, ——— Vers
                                                        ——— Strophe
und nach dem Regen die Schnecken. ——— Reim

Manchmal **reimen** sich Gedichte.

1 Lies die beiden Gedichte von Max Bolliger. Begründe, welches dir besser gefällt.

Was man nicht zählen kann

Die Wassertropfen
und die weißen Flocken.

Blumen, die eine Wiese bedecken,
und nach dem Regen die Schnecken.

In den Bäumen die Spatzen
und in Rom die Katzen.

Sterne, die vom Himmel fallen
und im Meer die Muscheln und Korallen.

Max Bolliger

Worüber wir staunen

Dass die Welt hinter den Bergen

nicht zu Ende ist,

dass, was dir im Spiegel begegnet

du selber bist.

Dass die Erde rund ist und sich dreht,

und dass der Mond,

auch wenn es regnet, am Himmel steht.

Dass die Sonne,

die jetzt bei uns sinkt,

andern Kindern

Guten Morgen winkt.

Max Bolliger

2 Untersuche die beiden Gedichte.

a) Wie heißen die Überschriften?

b) Wie heißt der Autor?

c) Wie viele Strophen haben die Gedichte?

d) Wie viele Verse haben sie?

Heft 4, Seite 43 ②

a) Die beiden Überschriften heißen …

Heft 4, Seite 43 ③

1. bedecken – Schnecken, …

2. ist – …

3 Schreibe die Reimwortpaare
der beiden Gedichte heraus.

8. Ein Gedicht verstehen

1 Die Teile des Gedichts stehen in der falschen Reihenfolge.
Lies das Gedicht in der richtigen Reihenfolge vor.
Die Bilder helfen dir dabei.

Die Amsel hat das Nest erbaut;
dort sitzt sie nun und zwitschert laut.

Aus Mitleid hat sie es verschont
und wurde dafür reich belohnt.

Das Samenkorn

Jetzt ist es schon ein hoher Baum
und trägt ein Nest aus weichem Flaum.

Das Korn, das auf der Erde lag,
das wuchs und wuchs von Tag zu Tag.

Joachim Ringelnatz

Ein Samenkorn lag auf dem Rücken,
die Amsel wollte es zerpicken.

2 Schreibe das Gedicht richtig auf.

Heft 4, Seite 44 ②

Das Samenkorn

Ein Samenkorn …

3 Male das fehlende Bild.

8 Ein Gedicht auswendig lernen

1 Lies das Gedicht
mehrmals genau durch.

Josef Guggenmos

Die Schnecke im Winter

Naht der Winter,
geh ich ins Haus,
mache die Türe zu,
Winter, bleib drauß.

Zu ist die Türe.
Komme, wer will:
Ich bin zu sprechen
erst im April.

Wenn du
ein anderes Gedicht
auswendig lernen willst, kannst du
einzelne Wörter mit kleinen Geld-
münzen oder Spielsteinen
abdecken.

2 Decke das Gedicht ab.

a) Lies das Gedicht im blauen Kasten. Ergänze die fehlenden Wörter.
Decke den blauen Kasten ab.

b) Lies das Gedicht im roten Kasten. Ergänze die fehlenden Wörter.
Decke den roten Kasten ab.

c) Lies das Gedicht im grünen Kasten. Ergänze die fehlenden Wörter.

d) Versuche, das Gedicht auswendig zu sprechen.

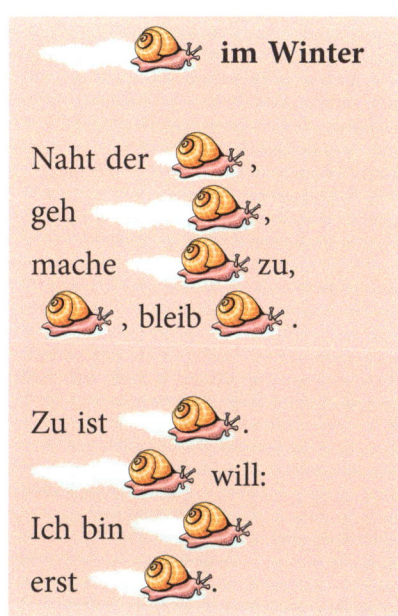

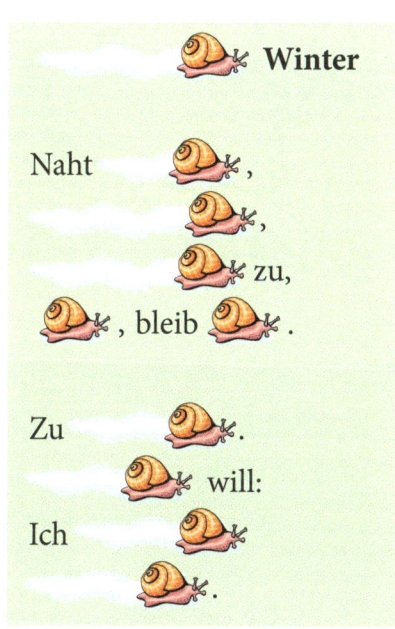

1 Lies das Gedicht.

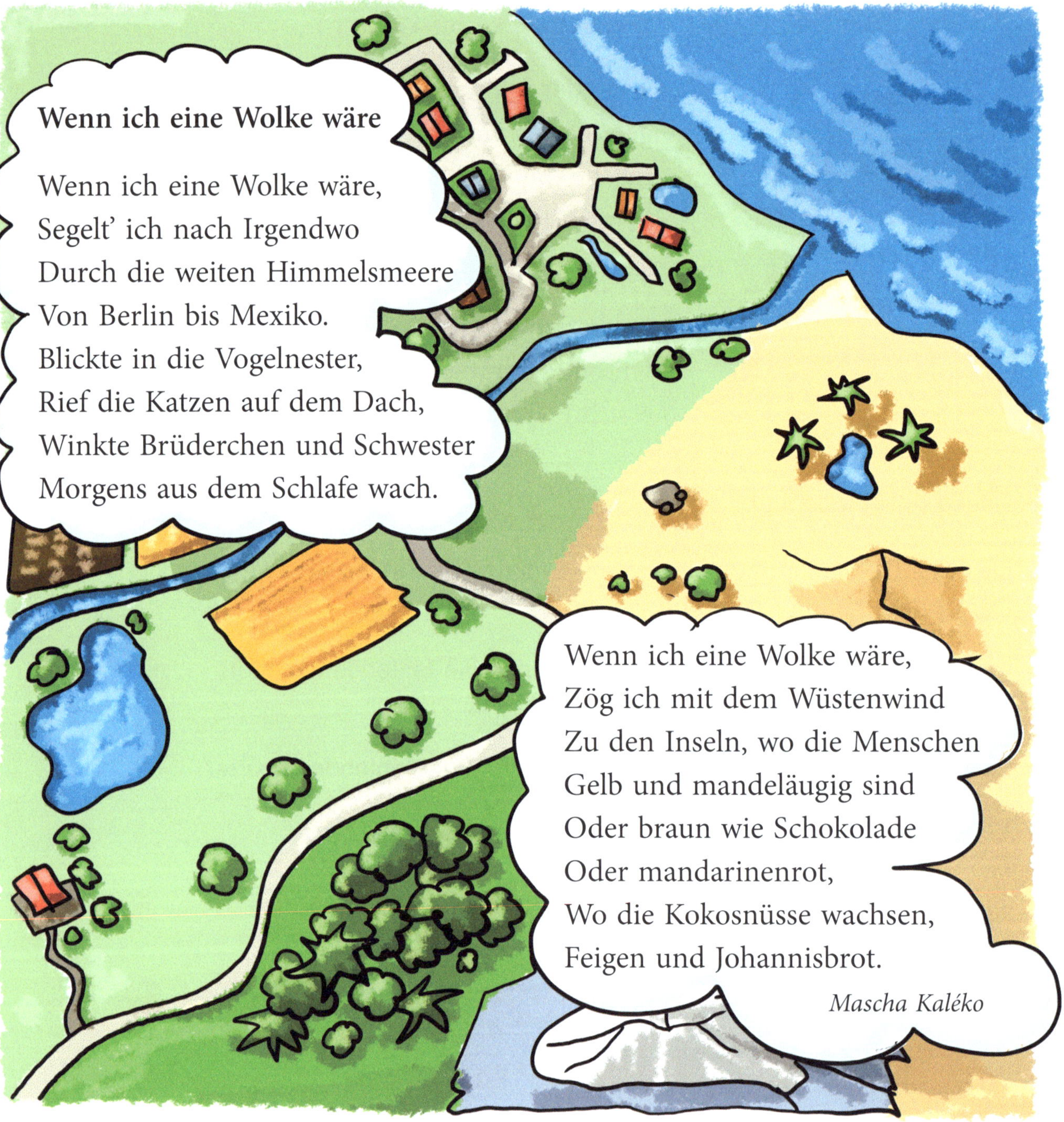

Wenn ich eine Wolke wäre

Wenn ich eine Wolke wäre,
Segelt' ich nach Irgendwo
Durch die weiten Himmelsmeere
Von Berlin bis Mexiko.
Blickte in die Vogelnester,
Rief die Katzen auf dem Dach,
Winkte Brüderchen und Schwester
Morgens aus dem Schlafe wach.

Wenn ich eine Wolke wäre,
Zög ich mit dem Wüstenwind
Zu den Inseln, wo die Menschen
Gelb und mandeläugig sind
Oder braun wie Schokolade
Oder mandarinenrot,
Wo die Kokosnüsse wachsen,
Feigen und Johannisbrot.

Mascha Kaléko

2 Schließe die Augen. Stell dir vor, du wärst eine Wolke.
Schreibe auf, wohin du fliegen würdest
und was du sehen könntest.

Heft 4, Seite 46 ② + ③
Wenn ich eine Wolke wäre,

würde ich …

3 Gestalte die Seite mit passenden Bildern oder Wörtern.

8. Ein Gedicht vortragen und vertonen

1 Lies das Gedicht leise durch.

2 Lies das Gedicht nun ausdrucksvoll vor, indem du an den Stellen schneller und lauter liest, an denen das Gewitter tobt. Mache sinnvolle Pausen bei //.

3 Suche dir zwei Partnerkinder.
Überlegt euch:
- Wie klingt der Donner?
- Wie klingt der Regen?
- Mit welchem Geräusch kann der Blitz hörbar gemacht werden?

4 Überlege mit deinen Partnerkindern, wer welchen Teil des Gedichts spricht. Übt die passenden Geräusche. Tragt das Gedicht gemeinsam vor.

Gewitter

Der Himmel ist blau
Der Himmel wird grau //
Wind fegt herbei
Vogelgeschrei //
Wolken fast schwarz
Lauf, weiße Katz! //
Blitz durch die Stille
Donnergebrülle //
Zwei Tropfen im Staub
Dann Prasseln auf Laub //
Regenwand
Verschwommenes Land //
Blitze tollen
Donner rollen
Es plitschert und platscht
Es trommelt und klatscht
Es rauscht und klopft
Es braust und klopft //
Eine Stunde lang
Herrlich bang //
Dann Donner schon fern
Kaum noch zu hör'n //
Regen ganz fein
Luft frisch und rein //
Himmel noch grau
Himmel bald blau!

Erwin Moser

Einsterns 3
Schwester

Themenheft 4

Lesen

Herausgegeben von:	Roland Bauer, Jutta Maurach
Erarbeitet von:	Wiebke Gerstenmaier, Sonja Grimm und der Redaktion Primarstufe
Redaktion:	Mirjam Löwen
Bildredaktion:	Janin Hacker
Illustration:	Yo Rühmer
Umschlaggestaltung:	klein & halm, Berlin
Layout und technische Umsetzung:	Katrin Tengler

www.cornelsen.de

1. Auflage, 8. Druck 2022

Alle Drucke dieser Auflage sind inhaltlich unverändert
und können im Unterricht nebeneinander verwendet werden.

© 2011 Cornelsen Verlag, Berlin
© 2022 Cornelsen Verlag GmbH, Berlin

Druck und Bindung: Livonia Print, Riga

ISBN 978-3-06-080155-8

PEFC zertifiziert
Dieses Produkt stammt aus nachhaltig
bewirtschafteten Wäldern und kontrollierten
Quellen.
PEFC
PEFC/12-31-006
www.pefc.de